RAPPORT

A MONSIEUR LE COMTE

S^{as}. DE GIRARDIN,

Commandant de la Légion d'honneur, Chevalier de l'Ordre royal et militaire de St.-Louis, Préfet du Département de la Seine inférieure,

Sur les *Vaccinations* opérées dans plusieurs Communes des environs de Rouen, ravagées par la petite *Vérole* en 1814;

SUIVI D'UNE INSTRUCTION

Sur la manière de vacciner, d'observations sur la *Vaccine*, ses complications avec d'autres maladies, et l'influence qu'elle a sur la guérison de quelques maladies de la peau;

Par Louis-Pierre-Nicolas GIRET-DUPRÉ, Docteur-Médecin du quatrième Bureau de Bienfaisance, et de la Société de la Charité maternelle de Rouen, etc., etc.

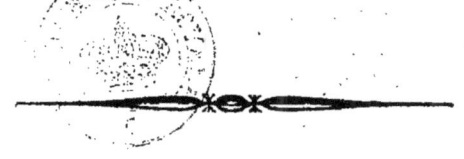

A ROUEN,

Chez { RENAULT, Libraire, rue Ganterie, n°. 40 ;
{ FRERE, Libraire, sur le Port, n°. 70.

1815.

Chez F. BAUDRY, Imprimeur du ROI, faubourg
Bouvreuil, n°. 33, à Rouen.

A MONSIEUR LE COMTE

S^{as}. DE GIRARDIN,

Préfet du Département de la Seine Inférieure.

Monsieur le Comte,

J'ai l'honneur de vous adresser ce petit Ouvrage. Il contient des observations recueillies dans les Vaccinations que j'ai pratiquées sous vos auspices dans plusieurs Communes des environs de Rouen.

Ces opérations offrent des résultats intéressants pour l'humanité et satisfaisants pour l'Administration.

J'ai rassemblé aussi dans un cadre étroit tout ce que j'ai cru essentiel aux diverses méthodes de communiquer la Vaccine. Dix années d'une correspondance assez suivie avec le Comité central de Paris, la lecture des Bulletins et des Rapports émanés de cette Société, m'ont mis à portée d'observer plus particulièrement, dans ma pratique, les effets de cette découverte. La publication de mes observations confirmées par celles d'un grand nombre de Médecins et Chirurgiens qui pratiquent la nouvelle inoculation, aura peut-être quelqu'utilité pour sa propagation dans notre Département.

Je m'estime heureux, Monsieur le Comte, d'avoir été, dans ces circonstances, l'instrument des mesures que vous avez prises pour arrêter le fléau variolique qui a fait tant de victimes cette année dans notre Arrondissement.

Je vous prie d'agréer l'assurance de la continuation de mon zèle, et l'hommage de mon profond respect;

J'ai l'honneur d'être,

MONSIEUR LE COMTE,

Votre très-humble et très-obéissant serviteur,
GIRET-DUPRÉ.

RAPPORT

A MONSIEUR LE COMTE

S^as. DE GIRARDIN,

Préfet du Département de la Seine inférieure,

Sur les *Vaccinations* opérées dans plusieurs Communes des environs de Rouen, ravagées par la petite *Vérole* en 1814;

SUIVI D'UNE INSTRUCTION

Sur la manière de vacciner, d'observations sur la *Vaccine*, ses complications avec d'autres maladies, et l'influence qu'elle a sur la guérison de quelques maladies de la peau.

Parmi les découvertes utiles à la conservation de l'espèce humaine et qui honorent le plus notre siècle, la Vaccine doit tenir le premier rang. Avant elle, nous avions à combattre la petite Vérole, regardée à juste titre comme la plus horrible des pestes, qui nous fut apportée par les Arabes dans la conquête qu'ils firent de l'Espagne. Le père de famille ne pouvait compter sur l'existence de ses enfants, sur leur santé, sur l'intégrité et la perfection de leurs organes, sur l'usage de leurs membres, que lorsque ce redoutable fléau avait exercé sa furie sur eux.

Personne autrefois ne pouvait se prévaloir de la régularité de ses traits, d'une physionomie agréable, de la fraîcheur de son teint, de la blancheur de sa peau, avant d'avoir payé le tribut à la petite Vérole; heureuse la jeunesse qui portait seulement sur sa figure des marques légères de ses effets.

Combien de malheureux des deux sexes, dont on avait admiré les graces, la figure et la taille, ne sont-ils pas condamnés à passer dans les douleurs, l'isolement et les regrets, le reste d'une existence rendue insupportable par les effets dégoûtants de la Variole.

Une légère indisposition nous met à l'abri de cette maladie. L'enfant nouveau-né, l'adulte, le vieillard, peuvent également la supporter, sans péril et sans crainte. L'opération dont elle est précédée n'a rien de douloureux, puisque l'enfant qui sommeille n'en est pas réveillé, et que celui qu'on allaite ne quitte point le sein pour se plaindre. Sa marche est douce et régulière, une fièvre dont en général on s'aperçoit à peine et qui dans les circonstances où elle a été la plus violente, n'a pas duré plus de trente-six heures, une légère tuméfaction au lieu de l'insertion vaccinale, accompagnée de rougeur et d'un sentiment à peine douloureux : voilà ce qui remplace la fièvre, la chaleur brûlante, les douleurs générales, les convulsions, la bouffissure, la suppuration, et en quelque sorte la putréfaction, qui constituent la maladie appelée petite Vérole.

Qu'ils sont coupables, les parents qui par un entêtement homicide, négligent la vaccination de leurs enfants ou même s'y opposent ! Veulent-ils des preuves frappantes des effets salutaires de la Vaccine et des ravages effrayants de la petite Vérole ? Qu'ils lisent le récit des faits que nous avons recueillis cette année, tant dans notre pratique particulière, que dans la mission honorable dont nous a chargé le premier Magistrat de ce Département, (de porter la Vaccine dans diverses Communes qui étaient en proie au fléau variolique). Un rayon de deux à trois lieues dont la Ville de Rouen se trouve le point central, est le champ de nos observations. Ces faits sont sous nos yeux.

La petite Vérole avait attaqué à peu près quatre-vingts individus à Sotteville, dans l'hiver de 1813. Trois enfants en sont morts, un autre est resté aveugle, trois ou quatre avaient des fistules lacrymales, douze à quinze sont restés défigurés.

Témoin de ces malheurs, j'offris à M. le Préfet de vacciner gratuitement ceux qui dans cette Commune n'avaient pas encore éprouvé la petite Vérole, mon offre fut acceptée, et la lettre envoyée à M. Tinel-Ancelot, Maire de Sotteville. Ce fonctionnaire se concerta avec M. Lesueur, Curé de cette paroisse. Tous deux mirent du zèle à y exhorter les habitants. Je commençai mon opération au mois d'Avril, et le 20 Mai la petite Vérole était anéantie. Cent quatre-vingt-deux individus avaient été vaccinés. Cette année, j'ai continué d'y vacciner, et la petite Vérole n'a attaqué que très-peu d'enfants, appartenant à des insouciants ou des entêtés ; aucun n'est mort. La population de cette Commune est de 3,500 individus. La Commune de Saint-Etienne-du-Rouvray, dont la population n'est que de 1,400 ames, et qui n'est éloignée que d'une demi-lieue de Sotteville, a été ravagée par la petite Vérole, cette peste y a fait périr vingt-deux enfants en quatre mois ; on s'occupe d'y vacciner ceux qu'elle n'a pas atteints.

La Commune d'Oissel qui compte 2,500 ames, est en proie à ce fléau depuis quatre mois; déjà vingt-six enfants en sont morts et beaucoup sont restés infirmes ou défigurés ; l'Administration avait offert, dès le commencement de Septembre, d'y faire porter la Vaccine. M. le Curé fit aux Paroissiens une exhortation qui fut inutile.

M. Poirel, Officier de Santé à Oissel, réussit à en vacciner une cinquantaine. Mais il survint des *angines*, des *fièvres bilieuses* et autres *affections* qui dans tous les pays ont marqué la constitution épidémique de cette année. Un ou deux vaccinés succombèrent à ces maladies, et on ne manqua pas de dire qu'ils étaient morts de la Vaccine. Cependant la continuation des autres maladies qui s'aggravaient par la présence du foyer variolique, désilla les yeux des habitants, l'Administration envoya un Médecin instruit et habitué à observer, ce Médecin, M. le Docteur Roussel, dans un voyage qu'il y fit, s'aperçut qu'il n'y avait d'épidémique à Oissel que la petite Vérole, et en fit son rapport à l'Administration.

MM. le Préfet et le Sous-Préfet ont de nouveau offert la Vaccine, et les habitants ont enfin écouté la voix de la raison. Déjà à l'instant où j'écris, plus de deux cents cinquante enfants ont été soumis à l'insertion vaccinale et tout nous promet le plus heureux succès.

La Commune de Saint-Jean-du-Cardonnay fut attaquée, au mois d'Août dernier, d'une épidémie variolique, déjà elle avait enlevé un ou deux enfants lorsque M. le Marquis d'Herbouville, que cette Commune a le bonheur d'avoir pour Maire, secondé par le zèle de M. le Curé, décida les habitants à faire vacciner leurs enfants et demanda à M. le Préfet un Vaccinateur.

Le jour où la demande fut faite était le 22 Août, le même jour M. le Préfet m'invita à faire cette opération.

Le lendemain 23, je me transportai chez M. d'Herbouville avec un enfant qui avait une très-belle vaccine, et soixante-deux enfants furent vaccinés dans son Château. Dans trois vaccinations successives, cent un enfants ont été vaccinés, et dès le 8 Septembre la petite Vérole commençait à disparaître ; M. le Marquis d'Herbouville, qui a été Préfet de deux Départements importants, où les services les plus signalés ont fait bénir sa gestion, m'a assuré qu'il comptait cette opération parmi les plus belles qu'il eût faites en Administration.

Je me félicite d'y avoir coopéré, et suis amplement récompensé du léger sacrifice de mon temps.

Tous les sujets vaccinés jouissent d'une bonne santé: deux d'entr'eux ont eu une affection vermineuse qui les a rendus malades quelque temps après la Vaccination ; des remèdes appropriés leur ont fait rendre des vers, et ils se sont parfaitement rétablis de cet accident absolument étranger à la Vaccine, mais qui sans la surveillance de M. d'Herbouville et de M. le Curé de Saint-Jean, aurait peut-être causé la mort de ces enfants, et on en eût accusé la Vaccine.

Les Officiers de Santé des campagnes environnantes, tels que M. Dupuis, Chirurgien à Duclair, M. Valmont, Officier de Santé à Déville, et autres, ont vacciné, et la petite Vérole sera désormais reléguée dans ce Canton chez quelques malheureuses familles entêtées et qu'elle punira tôt ou tard.

J'avais fait dans les années précédentes de fréquentes vaccinations dans la Commune du Grand-Quevilly, dans l'espace de sept ans, la Variole n'y avait paru épidémiquement qu'une fois, et grace à la Vaccine qu'on y avait portée de suite, elle y avait fait peu de victimes. On négligea d'y vacciner en 1813.

La Variole y a été apportée en 1814.

Deux enfants en sont morts, un est aveugle, j'ai été prévenu de ces désastres. M. Eloy, le Curé, respectable octogénaire, et M. le Maire ont prévenu les habitants de la facilité qu'ils avaient à user gratuitement d'un procédé qui dans les années précédentes avait mis leurs enfants à l'abri des atteintes du fléau qui les accablait, ils leur ont démontré par ceux qui avaient été vaccinés dans les années précédentes et dont la santé était florisssante, les avantages de ce procédé, etc.

Quarante-trois enfants ont été vaccinés dans le mois de Septembre, la petite Vérole a été vaincue, et depuis cette époque j'en ai encore vacciné trente, de sorte que le nombre des vaccinés a été porté à soixante-treize, ce qui égale à peu près le nombre des naissances pendant deux années.

La petite Vérole a parcouru cette année tous les quartiers de Rouen, j'en ai arrêté la marche dans la quatrième section de Bienfaisance, située au nord de la Ville, j'ai aussi contribué à l'arrêter dans le faubourg Saint-Sever, situé au sud.

Elle a cependant fait plusieurs victimes : une fille de 21 ans et cinq enfants en sont morts à Saint-Sever, une fille de dix-sept ans a succombé sous ses effets au huitième jour, place de la Rougemare, et le nombre des personnes que cette maladie a défigurées ne pourra être bien connu que l'année prochaine ; bien des convalescents restés infirmes, gardent leur chambre pendant la rigueur de l'hiver.

Les Communes de Celloville, Saint-Adrien, Belbeuf, Gouy, des Authieux, Boos, Darnétal, etc, ont été ravagées par la Variole et ont vu périr plus ou moins de personnes par ses effets : entr'autres on peut citer un jeune homme de Celloville, âgé de 24 ans, ses parents avaient sacrifié près de 9,000 fr. pour le faire remplacer dans la levée des 300,000 hommes, dont il faisait partie, il est mort au mois d'Août dernier, le onzième jour d'une petite Vérole confluente.

Les ravages de la petite Vérole, comparés aux effets salutaires de la Vaccine pendant 1814, il reste à examiner une objection qui avait été faite par les antagonistes de la Vaccine.

Ces antagonistes, ne pouvant plus nier que la Vaccine ne préservât de la petite Vérole, ont avancé qu'en *préservant de la petite Vérole, la Vaccine empêchait la sortie d'une matière qui dépurait le sang et les humeurs*, et ils ne manquaient pas d'attribuer à la vaccination tous les accidents qui arrivaient dans le reste de la vie des vaccinés.

On opposait à leur raisonnement celui-ci.

La petite Vérole n'est point un germe qui soit dans le sang. Il en est de même de la maladie vénérienne, de la gale, etc. L'homme dans l'état de santé n'a le germe d'aucune maladie, mais l'homme le plus robuste est disposé à les contracter toutes. L'air et les aliments sont susceptibles d'introduire dans l'économie animale, des principes salutaires ou délétères, parmi ces derniers sont les virus.

La petite Vérole est le résultat de l'action d'un virus qui nous est communiqué, et si on était assez heureux pour que tous les hommes adoptassent la Vaccine, on aurait la certitude que dans l'espace d'une dixaine d'années la petite Vérole serait anéantie.

La petite Vérole n'est donc pas nécessaire à la dépuration de nos humeurs et ceux qui croient cette erreur, peuvent se détromper par la considération des faits suivants.

J'avais vacciné, à l'époque du 9 Octobre, deux cents enfants à Sotteville.

Depuis le commencement de l'année il avait existé dans cette Commune des phlegmasies qui avaient fait périr beaucoup d'enfants.

Il était présumable que plusieurs des vaccinés avaient

succombé (la Vaccine ne devant exempter que de la petite Vérole).

J'ai voulu voir quelle etait leur proportion parmi les morts ; en conséquence j'allai à la Mairie, je relevai, des registres de l'Etat civil, le nom de tous les enfants morts au-dessous de l'âge de 12 ans, depuis le 1er. Janvier, et en fis une liste, il s'en trouva quarante-neuf, nombre considérable et surpassant de plus de moitié la mortalité des années précédentes ; j'ai rapproché la liste de mes vaccinés, de celle que j'avais faite sur les registres, et j'ai vu avec étonnement et satisfaction que la liste funèbre ne contenait le nom d'aucun de mes vaccinés.

Les trois quarts des enfants morts avaient eu la petite Vérole.

Avant les vaccinations pratiquées à Saint-Jean-du-Cardonnay, beaucoup d'enfants périssaient de phlegmasies cutanées, telles que la rougeole, la scarlatine mêlées de milliaires et d'angines.

Depuis le mois de Septembre, époque des opérations vaccinales, ces maladies ont cessé et aucun des vaccinés n'a succombé.

A Oissel, des fièvres bilieuses putrides, des angines, ont régné concurremment avec la petite Vérole, et tandis que celle-ci moissonnait des enfants, les autres faisaient périr des adultes.

On voit donc évidemment que les enfants vaccinés sont moins sujets à contracter d'autres maladies que ceux qui ont éprouvé la petite Vérole. C'est par un grand nombre de faits qu'on peut juger de la bonté d'un procédé. Placé de manière à pouvoir faire des observations dans une Commune de plus de 3,000 âmes, y remplissant les fonctions de Médecin de Bienfaisance depuis plus de dix ans, j'y connais presque tous les individus, et il est rare qu'aucun fait puisse m'échapper, c'est donc d'après les renseignements les plus exacts, que je puis affirmer ce que je viens d'écrire.

Je crois donc rendre un service à l'humanité en publiant le résultat de mes observations, en décrivant l'histoire de la Vaccine et les diverses méthodes de la communiquer.

DÉCOUVERTE DE LA VACCINE.

Avant qu'on eût découvert la Vaccine, on inoculait la petite Vérole.

Cette opération consistait à communiquer du virus d'une pustule de petite Vérole sur une personne saine après l'avoir préparée par différentes purgations et un régime approprié, et les personnes traitées de cette manière avaient bien moins de petite Vérole, étaient moins dangereusement malades que celles qui avaient naturellement cette maladie.

Le Docteur *Jenner*, Médecin Anglais, habitant le *Yorck-shire*, y pratiquait l'inoculation de la Variole avec beaucoup de succès et ses opérations étaient pour la plupart gratuites.

Il observa que l'inoculation ne faisait aucun effet sur les personnes qui gardaient et soignaient les vaches.

Il chercha la cause de l'impuissance du virus variolique sur ces sujets, et parvint à découvrir que les vaches étaient sujettes à une espèce de petite Vérole que les Anglais appelent *Cowpox*, et que cette maladie qui avait de l'analogie avec la petite Vérole, se communiquait de la mamelle des vaches où elle se développait, à la main des personnes qui s'occupaient de les traire, et qu'elles en portaient les cicatrices.

Le Docteur Jenner examina toutes les périodes de cette maladie et fit des expériences. Il inocula des enfants avec le Cowpox.

Le Cowpox prit sur les enfants et lui offrit la même marche que celle qu'il avait examinée sur les vaches. Il inocula quelque temps après ces mêmes enfants avec la petite Vérole, elle ne fit aucun effet, il a renouvelé ses

ses expériences dix années de suite et quand il a été convaincu de l'efficacité de la Vaccine et du peu d'accidents auxquels elle donnait lieu comparativement à l'inoculation variolique, il a publié ses expériences.

M. de Larochefoucault Liancourt était à Londres lors de la publication de cette découverte, il voulut en enrichir sa Patrie et fit les sacrifices nécessaires pour y parvenir.

C'est à lui que la France doit l'avantage d'avoir possédé la Vaccine dans les premiers temps de sa découverte.

Cependant cette méthode trouva des antagonistes. Beaucoup d'anciens inoculateurs dont les intérêts étaient lésés opposaient aux expériences Vaccinales des raisonnements. On répandit même des bruits dont l'absurdité excitait plutôt l'homme instruit à rire de pitié qu'à la réfutation, mais qui accueillis par le vulgaire, empêchaient ou retardaient l'adoption de la Vaccine.

Les amis de l'humanité ouvrirent une souscription pour se procurer des sujets nécessaires à l'entretien d'un foyer vaccinal. Les grands Dignitaires, beaucoup de Médecins furent comptés au nombre des souscripteurs.

Parmi ces derniers feu M. Thouret, Directeur de l'Ecole de santé de Paris, fut regardé comme l'un des premiers et des plus zélés partisans de la nouvelle inoculation.

Il fut puissamment secondé par les Professeurs *Pinel*, *Chaussier*, *Hallé*, etc., et les Docteurs *Husson*, *Hussard*, *Salmade*, etc. Tous connus par une érudition profonde et qui occupent un rang distingué parmi les savants de

2

de l'Europe et les Praticiens de la Capitale. Cette société soutint de son influence la Vaccine ; les Médecins qui la composaient firent des expériences et en publièrent les résultats.

Le Gouvernement nomma un Comité de Vaccine et assigna des fonds pour l'entretien d'un foyer. Ce Comité attaché au ministère de l'Intérieur par ses correspondances avec tous les Médecins de la France et de l'Europe, a recueilli tous les faits pour ou contre la Vaccine, et a publié annuellement un rapport général des Vaccinations pratiquées en France et des observations envoyées par un grand nombre de Médecins de tous les Départements, tant de la France actuelle, que de ceux qui formaient le ci-devant Empire français.

Il est prouvé d'une manière évidente et incontestable

Que la Vaccine exempte de la petite Vérole ;

Que les sujets Vaccinés jouissent d'une meilleure santé que ceux qui ont éprouvé la petite Vérole ;

Et que dans les Départements où la Vaccine a été adoptée les mortalités ont diminué d'un dixième.

Ces faits sont assurés par treize années d'expériences et d'observations, de sorte que si l'Angleterre est le pays où la Vaccine a été découverte, on doit à la France d'avoir adopté cette méthode, de l'avoir assurée par des expériences et des observations incontestables, soit en appréciant tous ses effets dans son état de simplicité ou dans celui de complication avec d'autres maladies, soit en la faisant servir à la guérison de maladies ou affections cutanées et lymphatiques dont quelques-unes étaient réputées presqu'incurables.

VACCINE.

La Vaccine est une phlegmasie dont les effets se passent sur les systêmes cutané et lymphatique.

Sa durée est de seize à vingt-quatre jours.

Elle se contracte par communication et par l'insertion d'un virus particulier dont l'origine vient d'une vache. Le Comité de Vaccine de Paris a cependant vu cette maladie aux jambes d'un cheval, et cette indisposition est connue dans la médecine vétérinaire, sous le nom des *Eaux aux jambes.*

MARCHE DE LA VACCINE.

La Vaccine ne commence à paraître que quatre à cinq jours après qu'on a inoculé le virus et quelquefois plus tard, je l'ai vue chez des individus ne se développer que le 13e. jour, chez d'autres que trois semaines après son insertion.

On appelle l'intervalle qui existe entre l'insertion du fluide, et le travail qui survient aux piqûres la *période d'incubation*.

La Vaccine commence par une rougeur analogue à celle qu'occasionne une morsure de puce, bientôt cette rougeur s'élève en forme de bouton et prend de l'accroissement jusqu'au 4e., 5e., 6e. et 7e. jour depuis l'apparition et qui répond au 7e., 8e., 9e., 10e., 11e. et 12e. jour depuis l'inoculation.

Ce temps s'appelle la *période de développement*. Dans le développement du bouton, il se forme dans la partie la plus éloignée du centre, un petit bourrelet blanchâtre qu'on appelle *l'aréole* et qui contient une lymphe transparente un peu consistante, cette lymphe contient le principe propagateur de la Vaccine, et c'est à cette période qu'il faut prendre le Vaccin pour l'inoculer.

Quand le bouton est parvenu du 9e. au 12e. jour de l'inoculation il a alors acquis son plus grand développement. La peau qui le supporte se tuméfie, devient rouge un peu douloureuse, il existe plus ou moins de fièvre, les glandes axillaires quand on a vacciné au bras, et les inguinales quand on a vacciné aux extrémités inférieures, se tuméfient et deviennent douloureuses.

La fièvre qui est à peine sensible chez quelques sujets a été violente chez d'autres personnes et a duré trente-six heures. Elle est *angiotenique*, et n'exige que les délayants et la saignée dans les circonstances très-rares ; j'ai une seule fois employé ce moyen chez un adulte d'un tempérament sanguin, où il était survenu un état de *phrénésie* qui m'inquiéta, ces accidents cédèrent promptement à cette opération. Pendant la fièvre la pustule suinte et rend une matière puriforme.

Cet état dure deux à trois jours et s'appelle la *période d'inflammation* et de *suppuration*.

Après cette période la tuméfaction disparaît peu à peu, la peau se flétrit, la pustule s'affaisse, et vers le 16e., le 17e. jusqu'au 24e. jour, selon que la marche de la Vaccine a été plus ou moins rapide ; cette pustule se dessèche et présente une croûte qui tombe d'elle-même ; il reste à chaque pustule une légère cicatrice et le sujet est préservé de la petite Vérole.

Cette époque s'appelle la période de *dessiccation*.

Telle est la marche de la vraie Vaccine, soit qu'il y ait plusieurs boutons ou qu'il n'en existe qu'un.

Il faut donc considérer dans la Vaccination :

1°. La qualité de la matière qu'on inocule ;

2°. L'état du sujet qu'on soumet à l'opération ;

3°. La marche de la Vaccine ;

4°. Ses complications avec d'autres maladies qui peuvent survenir depuis l'inoculation, les influences de la Vaccine sur ces maladies ou de ces maladies sur la Vaccine, et les effets et les suites de la Vaccine dans toutes ces circonstances ;

5º. Les effets de la Vaccine relativement à la population et l'influence de cette espèce d'indisposition sur le reste de l'existence.

QUALITÉ DU VACCIN.

Nous avons déjà dit qu'il était nécessaire que le Vaccin fût transparent et un peu consistant. Pour qu'il ait cette qualité il faut le prendre lorsque l'aréole est formée et qu'elle n'a pas encore atteint son entier développement, c'est ordinairement du 7e. au 12e. jour selon la marche plus ou moins prompte de la Vaccine.

J'observerai cependant qu'en piquant l'aréole dans sa partie la plus éloignée du centre et conséquemment la plus voisine de la peau saine, on trouve jusqu'au moment de la dessication du bouton, cette matière réunissant les qualités nécessaires à la reproduction de la Vaccine, et qu'il m'est arrivé plus de cinquante fois de pratiquer l'inoculation avec ce fluide recueilli après la période de l'inflammation sans avoir manqué mon opération.

Ainsi pour extraire le Vaccin on pique légèrement l'aréole dans sa circonférence, on attend un peu de temps, pour laisser suinter le Vaccin, on trempe la pointe de la lancette dans ce fluide pour l'insérer de suite sur un autre sujet.

On peut imprégner des lancettes de ce fluide ainsi que les pointes des cure-dents de plume ou d'ivoire, quand on veut porter ou envoyer au loin du Vaccin. Les cure-dents qui ne peuvent être oxidés comme les lancettes, ont l'avantage de conserver le Vaccin plus long-temps.

On l'introduit dans des tubes capillaires à cette époque et on le recueille sur des lames de verre, pour le conserver. Il m'est arrivé de vacciner avec succès en employant de la matière conservée sur verre pendant quatre mois et demi.

La propreté prescrit de prendre du fluide Vaccin sur des enfants propres et bien portants. Du reste le Vaccin quand il conserve la propriété propagative, ne participe point du vice que le sujet sur lequel on le prend pourrait avoir, j'en ai une preuve qu'on pourra voir dans la première observation de cet ouvrage.

ETAT des sujets qu'on soumet à la Vaccination.

Le sujet qu'on soumet à l'inoculation vaccinale doit être bien portant, quoique la Vaccine soit une maladie légère, elle produit un peu de trouble dans l'économie animale, elle pourrait donc aggraver une maladie aiguë en rendant plus violents les efforts que la nature emploie pour en triompher.

Ainsi pour peu que le sujet qu'on se propose de Vacciner soit attaqué ou même menacé de la fièvre, il faut attendre qu'il soit rétabli.

Il n'en est pas de même pour les maladies chroniques de la peau et du systême lymphatique.

J'ai guéri par la vaccination des galles chroniques des *achores*, des dartres, des engorgements des glandes cutanées et des éruptions chroniques sur la peau.

Ces observations ont été faites par presque tous les Médecins qui se sont livrés à la Vaccination, et sont consignées dans les rapports du Comité central ; on a donné des méthodes particulières pour produire ces effets en communiquant la Vaccine.

Dans ces circonstances, la Vaccine n'opère la guérison de ces affections que par la secousse plus ou moins forte qu'elle imprime à l'économie, en raison du *stimulus* qu'elle lui donne.

MANIÈRE DE VACCINER.

Le sujet étant disposé et la lancette chargée de vaccin, il faut l'insérer comme il suit :

Si ce sujet est très-sain, on le vaccine au bras au-dessous de l'insertion deltoïdienne, ou plus haut sur ce muscle, ou vers ses interstices ;

La lancette droite sur la châsse, on élève le bras qu'on vaccine, dans une situation horizontale, on porte la lancette dans la ligne perpendiculaire, et on pique légèrement.

De cette manière le fluide ne glisse point sur l'épiderme, ce qui arrive quelquefois quand on porte la lancette obliquement.

Si le Vaccin est pris sur un verre et délayé, on vaccine de la même manière, mais on fait les piqûres un peu plus profondes, et quand les piqûres sont faites on prend un peu de matière vaccinale sur le plat de la lancette et on en couvre les piqûres.

Si on vaccine à sec avec des lancettes ou des cure-dents imprégnés de vaccin, il faut vacciner de cette manière :

On porte la lancette obliquement, on en fait glisser la pointe sous l'épiderme, et on la laisse séjourner une seconde dans chaque piqûre, afin que le vaccin ait le temps d'être délayé et absorbé.

Quand on vaccine avec des cure-dents, on fait avec une lancette bien piquante deux à trois piqûres à chaque bras, et on porte dans ces piqûres la pointe du cure-dent chargée de vaccin, on le laisse séjourner une ou deux secondes dans chaque piqûre.

Quand on extrait d'un tube capillaire la matière vaccinale, on la reçoit sur une lame de verre, on la prend avec la lancette, et on l'inocule comme dans la vaccination de bras à bras.

On peut encore vacciner avec les croûtes qui résultent de la dessiccation du bouton vaccin. Cette croûte doit être prise quand elle est sur le point de tomber. On la fait sécher et on la conserve pour l'usage.

Lorsqu'on veut s'en servir on la met en poussière avec une spatule sur une lame de verre : on la délaye ensuite avec une gouttelette d'eau, et on l'insère comme dans la vaccination sur verre. Les bords de cette croûte sont préférables au centre.

Telle est la manière de vacciner dans les cas ordinaires.

Circonstances particulières.

Quoique le bras soit le lieu où l'on pratique ordinairement l'inoculation, il est des circonstances où il faut varier le lieu d'insertion.

Un enfant qui avait éprouvé une éruption de longue durée, qui n'avait aucun caractère annonçant un vice particulier, mais dont l'effet avait eu lieu spécialement au cuir chevelu, à la face et sur les bras, fut vacciné au bras sans succès. Dix jours après je le vaccinai au bras et à la face externe de la cuisse, le vaccin ne prit pas au bras, mais toutes les piqûres pratiquées à la cuisse donnèrent chacune un bouton de vraie Vaccine, et l'éruption disparut peu de temps après l'effet de la Vaccine.

Ainsi, quand un enfant à des dartres au cuir chevelu et à la face, il convient de vacciner l'enfant à la cuisse en même temps qu'au bras.

Si on vaccinait un enfant attaqué de la coqueluche, il faudrait l'inoculer au bras. On a fait avec avantage des piqûres autour du sternum et des côtes : on a observé que la vaccine a avancé la guérison de cette maladie.

Quand on vaccine un enfant qui a un engorgement des glandes cutanées, soit au cou, ou même aux parotides, il faut multiplier les piqûres, en faire aux quatre membres, dans le voisinage des glandes engorgées et sur les glandes elles-mêmes.

Il en est de même dans le cas des *dartres*.

On a observé que dans les circonstances où le sujet a un très-grand nombre de boutons vaccin., la fièvre est plus considérable. Et c'est dans la vue d'occasionner une secousse et une fièvre plus forte qu'on multiplie les piqûres.

On doit dans ce cas faire observer un régime au vacciné, suivant son état qui ne peut être jugé que par un Médecin. Les personnes qui pratiquent la Vaccination sans avoir des notions dans l'art de guérir, doivent donc recourir dans ces circonstances à celui qui l'exerce et lui abandonner le vacciné. Quoique la Vaccination soit l'opération la plus simple, elle offre souvent des complications avec d'autres maladies qui exigent toute l'attention d'un Médecin.

FAUSSE VACCINE.

Il ne suffit pas qu'un enfant soit inoculé avec le fluide vaccin pour être exempt de la petite Vérole ; il faut pour que cet effet ait lieu, que la Vaccine ait parcouru toutes ses périodes, ce qui n'arrive que dans l'espace de seize à vingt-quatre jours.

Il existe une fausse Vaccine dont les effets sont beaucoup plus prompts, et qui bien que développée par l'insertion du vaccin, n'exempte point de la petite Vérole, et oblige à recommencer l'opération. Voici ses caractères :

L'inocubation du virus au lieu d'être de trois à quatre jours, n'a pas lieu. Dès le soir ou le lendemain il y a déjà un travail très-marqué au bouton : il croît rapidement, s'élève en pointe sans aréole, il est dans sa plus grande largeur du cinquième au sixième jour et se trouve le neuvième dans une dessication complette : la croûte est spongieuse et n'a point la forme ordinaire, il n'y a point de cicatrice quelque temps après sa chûte. Il y a une Vaccine fausse chronique qui dure jusqu'au quarantième jour, on la reconnaît en ce qu'il n'existe point d'aréole au bouton, et que ce bouton ne renferme jamais de fluide vaccin comme dans la vraie Vaccine.

Complications de la Vaccine avec d'autres maladies.

On voit souvent, surtout quand on vaccine dans un lieu où il existe des petites Véroles, les enfants vaccinés contracter la petite Vérole en même temps que la Vaccine se développe. J'ai vu dans ces circonstances la Variole perdre sa régularité dans sa marche, mais la Vaccine conserve toujours la sienne.

J'avais pris un jour du vaccin sur un très-bel enfant, pour le communiquer à dix autres. Cet enfant ayant atteint le neuvième jour de sa vaccination, avait de la fièvre que je pris pour celle qui a lieu à cette époque chez beaucoup de vaccinés. J'appris le lendemain qu'il avait la petite Vérole, je fus le voir et le trouvai couvert de boutons varioleux ; les deux maladies ont parcouru leur période, et les enfants que j'avais inoculés avec son Vaccin ont éprouvé une très-belle Vaccine.

ROUGEOLE.

La Rougeole est souvent survenue avec la Vaccine, et les deux maladies ont suivi leur marche. Voici une circonstance particulière.

Un enfant fut attaqué de Rougeole le dixième jour de sa Vaccine, la Rougeole fut dangereuse :

Délire, diarrhée, prostration des forces, tels furent les phénomènes qui accompagnèrent la Rougeole.

L'usage des toniques, l'application des vésicatoires aux jambes triomphèrent de la maladie.

Mais pendant les dix jours qu'elle dura, les boutons vaccin restèrent stationnaires; il y eut suspension dans la marche de la Vaccine; de sorte que les boutons n'étaient pas plus avancés le vingt-deuxième jour qu'ils ne l'étaient le dixième, j'aurais pu à cette époque recueillir du vaccin pour le communiquer si j'en avais eu besoin.

Aussitôt que la desquamation de la Rougeole eut lieu, la Vaccine reprit sa marche ordinaire et parcourut le reste de ses périodes.

ANGINES.

J'ai vu dans plusieurs circonstances des maux de gorge

survenir aux vaccinés, souvent la Vaccine en a diminué les accidents.

Il y a peu de temps cependant qu'une petite fille de sept ans, sur laquelle j'avais pris du fluide, fut attaquée d'une angine qui était épidémique dans la maison qu'elle habitait. Cette angine devint dangereuse, et il survint aussi des accidents convulsifs causés par les vers ; l'enfant en rendit trente-sept de l'espèce des lombricaux dans le courant de sa maladie qui fut mortelle. Elle succomba le sixième jour de l'angine, et le dix-septième de la Vaccine qui a suivi sa marche avec régularité. Les boutons étant en dessication, j'ai enlevé les croûtes des bras du cadavre, sept heures après la mort, et les ai envoyés au Comité central de Paris.

MALADIES CHRONIQUES.

Galle congéniale guérie par la Vaccine.

Une dame attaquée de la galle, et étant sur le point d'accoucher, vint réclamer mes soins : on attendit qu'elle fût délivrée pour la traiter de la galle, et huit jours après elle accoucha heureusement ; quinze jours après sa naissance, l'enfant qui était une fille fut couverte d'une éruption de boutons psoriques, mêlés de furoncles d'un aspect hideux, et qui menacèrent son existence : on lui donna des bains avec la décoction des plantes sulfuracées, telles que la Patience, l'Énula-Campana ; l'enfant fut soulagé, mais non guéri.

Il avait cinq mois lorsque la petite Vérole devint épidémique dans son quartier ; je vaccinai ses frères et sœurs et le vaccinai aussi.

La Vaccine se développa et parcourut ses périodes ; il survint quinze jours après l'insertion, un dépôt à l'une des glandes axillaires, je l'ouvris. Trois semaines après la Vaccine, cette petite fille de hideuse qu'elle était, est devenue très-jolie et jouit d'une santé parfaite. Elle a maintenant onze ans.

Il y a dans cette famille dix enfants qui ont tous été vaccinés. Je puis attester qu'aucun n'a éprouvé une maladie grave. Mes fonctions se bornent à la chirurgie dans cette famille dont tous les enfants sont remarquables par leurs forces, leur santé et la fraîcheur de leur teint.

DARTRES.

Je pourrais citer vingt enfants dont les dartres ont disparu après les effets de la Vaccine. Il est nécessaire de de multiplier les piqûres quand on Vaccine ces enfants.

Il en est de même des engorgements glanduleux.

En général la Vaccine peut opérer la résolution de toutes les maladies et les affections du système cutané et lymphathique. Les exemples de ces guérisons sont en très-grand nombre et sont relatés dans les bulletins et les rapports du Comité central, établi près Son Excellence le Ministre de l'intérieur.

SUITES DE LA VACCINE.

La Vaccine n'exempte que de la petite Vérole et n'empêche point les autres maladies cutanées, elle peut contribuer comme on le voit à leur guérison, mais elle n'en préserve pas.

Ainsi un enfant qui a été vacciné peut contracter la teigne, les croûtes laiteuses, etc., comme celui qui a éprouvé la petite Vérole.

Mais il est de fait que la Vaccine ne donne lieu à aucune suite morbide; cette circonstance doit mettre les parents des enfants vaccinés sur leur gardes pour remédier aux accidents qui peuvent arriver et que des ignorants ou des personnes de mauvaise foi attribuent à la Vaccine. On m'amena un jour un enfant qui avait été vacciné cinq mois avant et qui était couvert de boutons qu'on attribuait à la Vaccine Je reconnus dans ces boutons le caractère de la galle, je fus chez lui et examen fait des personnes de la famille, toutes excepté le père avaient la galle.

Il en est de même à l'égard de certaines éruptions qui surviennent à des vaccinés et qu'on a prises inconsidérément pour la petite Vérole. Presque tous les praticiens de Rouen connaissent le fait suivant qui fut publié il y a huit ans dans nos journaux.

M. Blanche père avait vacciné deux enfants d'un tailleur de cette Ville.

Deux ans après, la petite Vérole attaqua deux autres de ses enfants qui n'avaient pas été vaccinés, l'une des vaccinées fut en même temps attaquée de fièvre et d'une éruption dont les caractères avaient bien de l'analogie avec la petite Vérole bénigne. Presque tous les gens de l'art furent consultés, les avis furent partagés.

On prit le parti d'inoculer, avec la matière des boutons de cet enfant, douze sujets qui n'avaient eu ni la Vaccine, ni la petite Vérole et l'inoculation ne fit aucun effet.

Combien n'a-t-on pas commis d'erreurs par un jugement porté sans examen !

EFFETS DE LA VACCINE.

Ils sont démontrés de la manière la plus avantageuse dans les faits contenus au commencement de cet ouvrage.

Le Comité central, d'après les renseignements qui lui ont été transmis par MM. les Préfets des divers Départements, a remarqué que dans ceux où l'on avait pratiqué la Vaccine, les mortalités étaient diminuées d'un dixième.

La plupart des sujets vaccinés depuis treize ans jouissent d'une santé florissante. On n'a jusqu'ici aucune observation qui porte à croire que la Vaccine ait été cause d'une mauvaise santé chez aucun sujet. Toutes les fois que des enfants vaccinés ont éprouvé des maladies, la Vaccine y était étrangère, et chaque fois qu'un Médecin instruit a été appelé dans ces circonstances, il a su apprécier le caractère de ces maladies et en triompher par un traitement convenable.

Tels sont les faits que j'ai observés dans une pratique de douze années pendant lesqu'elles je n'ai pas été quatre mois sans vacciner; mais je n'avais pas obtenu des résultats aussi favorables que ceux qui ont eu lieu dans les cinq derniers mois de 1814, sous les yeux de M. le Préfet et des Fonctionnaires dont les noms ornent ce Recueil.

La sollicitude paternelle de M. le Comte STANISLAS DE GIRARDIN, notre Préfet, secondé puissamment par les efforts de M. AUGUSTE LE PREVOST, Sous-Préfet de l'Arrondissement de Rouen;

Les articles du Journal de Rouen qui contenaient les ravages exercés par la petite Vérole, et les effets salutaires de la Vaccine qu'on lui opposait;

L'envoi d'un Médecin pour vacciner gratuitement tous les enfants dans les Paroisses que la petite Vérole attaquait;

Le zèle et le désintéressement de tous les Médecins et Chirurgiens de Rouen et des environs, qui pratiquent la nouvelle inoculation,

Ont arrêté des épidémies naissantes, et conservé à notre Département des sujets robustes dont la petite Vérole aurait enlevé, mutilé ou défiguré une grande partie dans le cours de l'année qui vient de s'écouler.

FIN.

www.ingramcontent.com/pod-product-compliance
Lightning Source LLC
Chambersburg PA
CBHW060710050426
42451CB00010B/1370